왕초보
기초일본어 쓰기교본

초판 펴낸날 2014년 11월 15일
개정판 7쇄 펴낸날 2025년 1월 30일
엮은이 김동호
펴낸이 배태수 ___펴낸곳 신라출판사
등록 1975년 5월 23일
전화 032)341-1289 ___팩스 02)6935-1285
주소 경기도 부천시 소사구 범안로 95번길 32
북디자인 디자인 디도

ISBN 978-89-7244-127-4 13730
*잘못된 책은 구입한 곳에서 바꾸어 드립니다.

왕초보 기초일본어 쓰기교본

김동호 엮음

신라출판사

일러두기

이 책의 특징

1. 발음, 쓰는 순서, 연습용 글씨 등이 갖추어져 있으므로 초보자도 쉽게 익힐 수 있는 교본이다.
2. 히라가나(ひらがな)의 순서에 맞춰 기획하였으며, 탁음, 반탁음, 요음 등의 순서로 체계화하였다.
3. 간단한 회화체의 문장과 기본문장을 엄선하여 쓰기와 구문학습(構文學習)에 도움이 되도록 하였다.

바른자세

글씨를 예쁘게 쓰고자 하는 마음과 함께 몸가짐을 바르게 해야 아름다운 글씨를 쓸 수 있다. 편안하고 부드러운 자세를 갖고 써야 한다.

① 앉은 자세: 방바닥에 앉은 자세로 쓸 때에는 양 엄지 발가락과 발바닥의 윗 부분을 얕게 포개 앉고, 배가 책상에 닿지 않도록 한다. 그리고 상체는 앞으로 약간 숙여 눈이 지면에서 30cm 정도 떨어지게 하고 왼손으로는 종이를 가볍게 누른다.
② 걸터앉은 자세: 걸상에 앉아 쓸 경우에도 앉을 때 두 다리를 어깨 넓이만큼 뒤로 잡아 당겨 편안한 자세를 취한다.

펜을 잡는 요령

① 펜은 45 ~ 60°만큼 몸쪽으로 기울어지게 잡는다.
② 집게 손가락과 가운데 손가락, 엄지 손가락 끝으로 펜을 가볍게 쥐고 양손가락의 손톱 부리께로 펜을 안에서부터 받쳐잡고 새끼 손가락을 바닥에 받쳐준다
③ 지면에 손목을 굳게 붙이면 손가락 끝 만으로 쓰게 되므로 손가락 끝이나 손목에 의지하지 말고 팔로 쓰는 듯한 느낌으로 쓴다.

일본어의 표기법과 발음

(1) 세이옹 : せいおん(淸音)……청음을 맑게 나는 소리
   ① あ행……「あ, い, う, え, お」는 〔아, 이, 우, 에, 오〕로 읽는다.
   ② か행……「か, き, く, け, こ」는 〔가, 기, 구, 게, 고〕로 읽는다.
   ③ さ행……「さ, し, す, せ, そ」는 〔사, 시, 스, 세, 소〕로 읽는다.
   ④ た행……「た, ち, つ, て, と」는 〔다, 찌, 쯔, 데, 도〕로 읽는다.
   ⑤ な행……「な, に, ぬ, ね, の」는 〔나, 니, 누, 네, 노〕로 읽는다.
   ⑥ は행……「は, ひ, ふ, へ, ほ」는 〔하, 히, 후, 헤, 호〕로 읽는다.
   ⑦ ま행……「ま, み, む, め, も」는 〔마, 미, 무, 메, 모〕로 읽는다.
   ⑧ や행……「や, ゆ, よ」는 〔야, 유, 요〕로 읽는다.
   ⑨ ら행……「ら, り, る, れ, ろ」는 〔라, 리, 루, 레, 로〕로 읽는다.
   ⑩ わ행……「わ, を」는 〔와, 오〕로 읽는다.

   참고 〈あ행〉과 〈わ행〉의 「い, え」는 〈あ행〉의 것과 글자 및 발음이 똑 같다. 이것은 앞의 「고주온즈(오십음도)」에서 보는 바와 같이 세로로 읽었을때 〈あ단〉이 あ, か, さ, た, な, は, ま, や, ら, わ」임을 맞추기 위해 중복시킨 것이다.

(2) 다꾸옹: だくおん(탁음)……〈かたきは행〉의 글자 오른쪽 위에 「゛」를 덧붙여서 나타낸다.
   ① が행……「が, ぎ, ぐ, げ, ご」는 (ga, gi, gu, ge, go)에 가까운 음으로 읽는다.
   ② ざ행……「ざ, じ, ず, ぜ, ぞ」는 (za, ji, zu, ze, zo)에 가까운 음으로 읽는다.
   ③ だ행……「だ, ぢ, づ, で, ど」는 (da, ji, zu, de, do)에 가까운 음으로 읽는다.
   ④ ば행……「ば, び, ぶ, べ, ぼ」는 (ba, bi, bu, be, bo)에 가까운 음으로 읽는다.

(3) 한다꾸옹: はんだくおん(반탁음)……〈は행〉의 글자 오른쪽위에 「゜」를 덧붙여서 나타낸다.
   「ぱ, ぴ, ぷ, ぺ, ぽ」는 「pa, pi, pu, pe, po」로 읽는다.

(4) 요오용: ようおん(요음)……〈い단〉의 자음 글자에 반모음 「やゆよ」를 연속시켜서 나타낸다. 이때의 「や, ゆ, よ」는 세이옹(청음)보다 작은 글자로 쓰며, 글자의 위치도 종서에서는 오른쪽으로 약간 처지게, 횡서에서는 밑으로 약간 처지게 쓴다.

다음의 것들은 그 예시다.
   ① き행……「きゃ, きゅ, きょ」로 표기하고 〔갸, 규, 교〕로 읽는다.
   ② し행……「しゃ, しゅ, しょ」로 표기하고 〔샤, 슈, 쇼〕로 읽는다.
   ③ ち행……「ちゃ, ちゅ, ちょ」로 표기하고 〔차, 츄, 쵸〕로 읽는다.

④ に행……「にゃ, にゅ, にょ」로 표기하고 〔냐, 뉴, 뇨〕로 읽는다.
⑤ ひ행……「ひゃ, ひゅ, ひょ」로 표기하고 〔햐, 휴, 효〕로 읽는다.
⑥ み행……「みゃ, みゅ, みょ」로 표기하고 〔먀, 뮤, 묘〕로 읽는다.
⑦ ら행……「りゃ, りゅ, りょ」로 표기하고 〔랴, 류, 료〕로 읽는다.

(5) 하쓰옹 : はつよん(발음)……「ん」자인데 튕기는 듯한 소리로 발음한다. 단, 그 다음에 오는 글자에 따라 발음이 달라진다.

① 〈な, に, だ, ざ, ら행〉의 앞에 올 때는 "ㄴ(n)"으로 소리 난다.

예 こんにち(곤니찌): 오늘

② 〈ま, ば, ぱ행〉의 앞에 올 때는 "ㅁ(m)"으로 소리 난다.

예 こんばん(곰방): 오늘 밤   ポンプ(뽐뿌): 펌프

③ 〈か, が행〉의 앞에 올 때와 뒤에 오는 말이 없을 때는 "ㅇ(ng)"로 소리 난다.

예 かんこ (강꼬꾸): 한국   にほんご (니홍고): 일본어   ほん(홍): 책

(6) 소꾸옹 : そくおん(촉음)……「つ」자를 작게 「っ」로 써서 받침구실을 하는 것인데 밑에 따르는 글자에 따라 음이 달라진다. 이 「つ」음은 〈か, さ, た, ぱ행〉의 위에만 오며 우리말의 사이음과 같아진다

① 〈か행 〉위에서는 「ㄱ」받침이 된다.

예 がっこう(각꼬오): 학교   はっきり(학끼리): 확실히

② 〈さ행 〉위에서는 「ㅅ」받침이 된다.

예 ざっし(잣시): 잡지   さっそ〈삿소꾸〉: 즉시

③ 〈た행 〉위에서는 「ㄷ」받침이 된다.

예 まったく(맏따꾸): 참으로   もっと(몯또): 더욱

④ 〈ぱ행 〉위에서는 「ㅂ」받침이 된다.

《**예** しっぱい(십빠이): 실패   いっぱい (입빠이): 가득히

(7) 쵸오옹 : ちょうおん(장음)……길게 발음하는 것을 쵸오옹(장음)이라 하는데 일본어에서는 같은 〈단〉에서 〈あ행〉의 글자를 연속시켜서 나타내는 것을 원칙으로 하고 있다.

예 ああ(아--): 감탄사, いいえ(이- 에): 아니요. ええ(에-): 예

단, 〈あ단〉의 발음을 길게 할 때만은 「お」 대신에 「う」를 써서 나타내고 있다.

예 こう(고오): 이렇게. (고우)라고 읽지 않음

どう(도오): 어떻게. (도우)라고 읽지 않음

차례

일러두기 ·· 5
일본어의 표기법과 발음 ··· 6

제1장 히라가나와 가타카나 기본 50음도 익히기   9

    ☆히라가나와 가타카나의 글자 쓰기 ··· 10
    ☆히라가나와 가타카나의 탁음 쓰기 ··· 32
    ☆히라가나와 가타카나의 반탁음 쓰기 ·· 40
    ☆히라가나와 가타카나의 요음 쓰기 ··· 42
    ☆히라가나와 가타카나의 요음의 탁음 쓰기 ·· 50
    ☆히라가나와 가타카나의 요음의 반탁음 쓰기 ······································ 54
    ☆기본동사 ·· 56

제2장 기본 단어 익히기   57

    ☆기초 단어 쓰기 ·· 58
    ☆기초 문형 50선 ··· 87

제3장 기초 문장 쓰기   101

히라가나 50음도 ·· 30
가타카나 50음도 ·· 31

제1장

히라가나·가타카나
기본 50음도 익히기

ひらがな 히라가나 글자

あ행 쓰기

あ	い	う	え	お
a	i	u	e	o

あ あ い い う う え え お お

あ あ い い う う え え お お

カタカナ 가타카나 글자

ア행 쓰기

ア	イ	ウ	エ	オ
a	i	u	e	o

ア	ア	イ	イ	ウ	ウ	エ	エ	オ	オ

ア	ア	イ	イ	ウ	ウ	エ	エ	オ	オ

ひらがな 히라가나 글자

か행 쓰기

か	き	く	け	こ
ka	ki	ku	ke	ko

カタカナ 가타카나 글자

カ행 쓰기

カ	キ	ク	ケ	コ
ka	ki	ku	ke	ko

カ カ キ キ ク ク ケ ケ コ コ

カ カ キ キ ク ク ケ ケ コ コ

가타카나 글자 13

ひらがな 히라가나 글자

さ행 쓰기

さ	し	す	せ	そ
sa	shi	su	se	so

さ さ し し す す せ せ そ そ

さ さ し し す す せ せ そ そ

カタカナ 가타카나 글자

サ행 쓰기

サ	シ	ス	セ	ソ
sa	shi	su	se	so

サ サ シ シ ス ス セ セ ソ ソ

サ サ シ シ ス ス セ セ ソ ソ

ひらがな 히라가나 글자

た행 쓰기

た	ち	つ	て	と
ta	chi	tsu	te	to

た　た　ち　ち　つ　つ　て　て　と　と

た　た　ち　ち　つ　つ　て　て　と　と

カタカナ 가타카나 글자

タ행 쓰기

タ	チ	ツ	テ	ト
ta	chi	tsu	te	to

タ タ チ チ ツ ツ テ テ ト ト

タ タ チ チ ツ ツ テ テ ト ト

ひらがな 히라가나 글자

な행 쓰기

な	に	ぬ	ね	の
na	ni	nu	ne	no

な な に に ぬ ぬ ね ね の の

な な に に ぬ ぬ ね ね の の

カタカナ 가타카나 글자

ナ행 쓰기

ナ	ニ	ヌ	ネ	ノ
na	ni	nu	ne	no

ナ ナ ニ ニ ヌ ヌ ネ ネ ノ ノ

ナ ナ ニ ニ ヌ ヌ ネ ネ ノ ノ

ひらがな 히라가나 글자

は행 쓰기

は	ひ	ふ	へ	ほ
ha	hi	fu	he	ho

カタカナ 가타카나 글자

ハ행 쓰기

ハ	ヒ	フ	ヘ	ホ
ha	hi	fu	he	ho

ハ ハ ヒ ヒ フ フ ヘ ヘ ホ ホ

ハ ハ ヒ ヒ フ フ ヘ ヘ ホ ホ

ひらがな 히라가나 글자

ま행 쓰기

ま	み	む	め	も
ma	mi	mu	me	mo

ま	ま	み	み	む	む	め	め	も	も
ま	ま	み	み	む	む	め	め	も	も

カタカナ 가타카나 글자

マ행 쓰기

マ	ミ	ム	メ	モ
ma	mi	mu	me	mo

가타카나 글자

ひらがな 히라가나 글자

や행 쓰기

や	ゆ	よ
ya	yu	yo

カタカナ 가타카나 글자

ヤ행 쓰기

ヤ	ユ	ヨ
ya	yu	yo

가타카나 글자

ひらがな 히라가나 글자

ら행 쓰기

ら	り	る	れ	ろ
ra	ri	ru	re	ro

カタカナ 가타카나 글자

ラ행 쓰기

ラ	リ	ル	レ	ロ
ra	ri	ru	re	ro

가타카나 글자 27

ひらがな 히라가나 글자

わ행 쓰기　ん행 쓰기

わ	を	ん
wa	o	n

カタカナ 가타카나 글자

ワ행 쓰기　ン행 쓰기

ワ	ヲ	ン
wa	o	n

가타카나 글자

● ひらがな히라가나의 오십음도

あ	a	い	i	う	u	え	e	お	o
か	ka	き	ki	く	ku	け	ke	こ	ko
さ	sa	し	shi	す	su	せ	se	そ	so
た	ta	ち	chi	つ	tsu	て	te	と	to
な	na	に	ni	ぬ	nu	ね	ne	の	no
は	ha	ひ	hi	ふ	fu	へ	he	ほ	ho
ま	ma	み	mi	む	mu	め	me	も	mo
や	ya			ゆ	yu			よ	yo
ら	ra	り	ri	る	ru	れ	re	ろ	ro
わ	wa							を	o
ん	n								

● ひらがな히라가나의 탁음

が	ga	ぎ	gi	ぐ	gu	げ	ge	ご	go
ざ	za	じ	ji	ず	zu	ぜ	ze	ぞ	zo
だ	da	ぢ	ji	づ	zu	で	de	ど	do
ば	ba	び	bi	ぶ	bu	べ	be	ぼ	bo

● ひらがな히라가나의 반탁음

ぱ	pa	ぴ	pi	ぷ	pu	ぺ	pe	ぽ	po

• カタカナ가타카나의 오십음도

ア	a	イ	i	ウ	u	エ	e	オ	o
カ	ka	キ	ki	ク	ku	ケ	ke	コ	ko
サ	sa	シ	shi	ス	su	セ	se	ソ	so
タ	ta	チ	chi	ツ	tsu	テ	te	ト	to
ナ	na	ニ	ni	ヌ	nu	ネ	ne	ノ	no
ハ	ha	ヒ	hi	フ	fu	ヘ	he	ホ	ho
マ	ma	ミ	mi	ム	mu	メ	me	モ	mo
ヤ	ya			ユ	yu			ヨ	yo
ラ	ra	リ	ri	ル	ru	レ	re	ロ	ro
ワ	wa							ヲ	o
ン	n								

• カタカナ가타카나의 탁음

ガ	ga	ギ	gi	グ	gu	ゲ	ge	ゴ	go
ザ	za	ジ	ji	ズ	zu	ゼ	ze	ゾ	zo
ダ	da	ヂ	ji	ヅ	zu	デ	de	ド	do
バ	ba	ビ	bi	ブ	bu	ベ	be	ボ	bo

• カタカナ가타카나의 반탁음

パ	pa	ピ	pi	プ	pu	ペ	pe	ポ	po

ひらがな 히라가나의 탁음

탁음 쓰기

が	ぎ	ぐ	げ	ご
ga	gi	gu	ge	go

カタカナ 가타카나의 탁음

탁음 쓰기

ガ	ギ	グ	ゲ	ゴ
ga	gi	gu	ge	go

ガ ガ ギ ギ グ グ ゲ ゲ ゴ ゴ

ガ ガ ギ ギ グ グ ゲ ゲ ゴ ゴ

ひらがな 히라가나의 탁음

탁음 쓰기

ざ	じ	ず	ぜ	ぞ
za	ji	zu	ze	zo

カタカナ 가타카나의 탁음

탁음 쓰기

ザ	ジ	ズ	ゼ	ゾ
za	ji	zu	ze	zo

ザ ザ ジ ジ ズ ズ ゼ ゼ ゾ ゾ

ザ ザ ジ ジ ズ ズ ゼ ゼ ゾ ゾ

ひらがな 히라가나의 탁음

탁음 쓰기

だ	ぢ	づ	で	ど
da	ji	zu	de	do

だ だ ぢ ぢ づ づ で で ど ど

だ だ ぢ ぢ づ づ で で ど ど

カタカナ 가타카나의 탁음

탁음 쓰기

ダ	ヂ	ヅ	デ	ド
da	ji	zu	de	do

ダ ダ ヂ ヂ ヅ ヅ デ デ ド ド

ダ ダ ヂ ヂ ヅ ヅ デ デ ド ド

ひらがな 히라가나의 탁음

탁음 쓰기

ば	び	ぶ	べ	ぼ
ba	bi	bu	be	bo

ば ば び び ぶ ぶ べ べ ぼ ぼ

ば ば び び ぶ ぶ べ べ ぼ ぼ

カタカナ 가타카나의 탁음

탁음 쓰기

バ	ビ	ブ	ベ	ボ
ba	bi	bu	be	bo

가타카나의 탁음 39

ひらがな 히라가나의 반탁음

반탁음 쓰기

ぱ	ぴ	ぷ	ぺ	ぽ
pa	pi	pu	pe	po

ぱ	ぱ	ぴ	ぴ	ぷ	ぷ	ぺ	ぺ	ぽ	ぽ
ぱ	ぱ	ぴ	ぴ	ぷ	ぷ	ぺ	ぺ	ぽ	ぽ

カタカナ 가타카나의 반탁음

반탁음 쓰기

パ	ピ	プ	ペ	ポ
pa	pi	pu	pe	po

ひらがな 히라가나의 요음

요음 쓰기

きゃ	きゅ	きょ	しゃ	しゅ	しょ
kya	kyu	kyo	sha	shu	sho
きゃ	きゅ	きょ	しゃ	しゅ	しょ
きゃ	きゅ	きょ	しゃ	しゅ	しょ

カタカナ 가타카나의 요음

요음 쓰기

キャ	キュ	キョ	シャ	シュ	ショ
kya	kyu	kyo	sha	shu	sho
キャ	キュ	キョ	シャ	シュ	ショ
キャ	キュ	キョ	シャ	シュ	ショ

ひらがな 히라가나의 요음

요음 쓰기

ちゃ	ちゅ	ちょ	にゃ	にゅ	にょ
cha	chu	cho	nya	nyu	nyo
ちゃ	ちゅ	ちょ	にゃ	にゅ	にょ
ちゃ	ちゅ	ちょ	にゃ	にゅ	にょ

カタカナ 가타카나의 요음

요음 쓰기

チャ	チュ	チョ	ニャ	ニュ	ニョ
cha	chu	cho	nya	nyu	nyo
チャ	チュ	チョ	ニャ	ニュ	ニョ
チャ	チュ	チョ	ニャ	ニュ	ニョ

ひらがな 히라가나의 요음

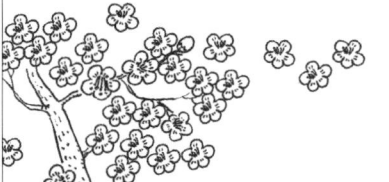

요음 쓰기

ひゃ	ひゅ	ひょ	みゃ	みゅ	みょ
hya	hyu	hyo	mya	myu	myo
ひゃ	ひゅ	ひょ	みゃ	みゅ	みょ
ひゃ	ひゅ	ひょ	みゃ	みゅ	みょ

カタカナ 가타카나의 요음

요음 쓰기

ヒャ	ヒュ	ヒョ	ミャ	ミュ	ミョ
hya	hyu	hyo	mya	myu	myo
ヒャ	ヒュ	ヒョ	ミャ	ミュ	ミョ
ヒャ	ヒュ	ヒョ	ミャ	ミュ	ミョ

ひらがな 히라가나의 요음

요음 쓰기

りゃ	りゅ	りょ
rya	ryu	ryo

りゃ	りゅ	りょ

りゃ	りゅ	りょ

● 히라가나의 요음

きゃ	kya	きゅ	kyu	きょ	kyo
しゃ	sha	しゅ	shu	しょ	sho
ちゃ	cha	ちゅ	chu	ちょ	cho
にゃ	nya	にゅ	nyu	にょ	nyo
ひゃ	hya	ひゅ	hyu	ひょ	hyo
みゃ	mya	みゅ	myu	みょ	myo
りゃ	rya	りゅ	ryu	りょ	ryo

● 히라가나 요음의 탁음

ぎゃ	gya	ぎゅ	gyu	ぎょ	gyo
じゃ	ja	じゅ	ju	じょ	jo
ぢゃ	ja	ぢゅ	ju	ぢょ	jo
びゃ	bya	びゅ	byu	びょ	byo

● 히라가나 요음의 반탁음

ぴゃ	pya	ぴゅ	pyu	ぴょ	pyo

カタカナ 가타카나의 요음

요음 쓰기

リャ	リュ	リョ
rya	ryu	ryo

リャ	リュ	リョ
リャ	リュ	リョ

● 가타카나의 요음

キャ	kya	キュ	kyu	キョ	kyo
シャ	sha	シュ	shu	ショ	sho
チャ	cha	チュ	chu	チョ	cho
ニャ	nya	ニュ	nyu	ニョ	nyo
ヒャ	hya	ヒュ	hyu	ヒョ	hyo
ミャ	mya	ミュ	myu	ミョ	myo
リャ	rya	リュ	ryu	リョ	ryo

● 가타카나 요음의 탁음

ギャ	gya	ギュ	gyu	ギョ	gyo
ジャ	ja	ジュ	ju	ジョ	jo
ヂャ	ja	ヂュ	ju	ヂョ	jo
ビャ	bya	ビュ	byu	ビョ	byo

● 가타카나 요음의 반탁음

ピャ	pya	ピュ	pyu	ピョ	pyo

ひらがな 요음의 탁음

요음의 탁음 쓰기

ぎゃ	ぎゅ	ぎょ	じゃ	じゅ	じょ
gya	gyu	gyo	ja	ju	jo
ぎゃ	ぎゅ	ぎょ	じゃ	じゅ	じょ
ぎゃ	ぎゅ	ぎょ	じゃ	じゅ	じょ

カタカナ 요음의 탁음

요음의 탁음 쓰기

ギャ	ギュ	ギョ	ジャ	ジュ	ジョ
gya	gyu	gyo	ja	ju	jo
ギャ	ギュ	ギョ	ジャ	ジュ	ジョ
ギャ	ギュ	ギョ	ジャ	ジュ	ジョ

ひらがな 요음의 탁음

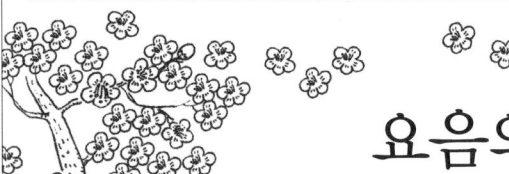

요음의 탁음 쓰기

ぢゃ	ぢゅ	ぢょ	びゃ	びゅ	びょ
ja	ju	jo	bya	byu	byo
ぢゃ	ぢゅ	ぢょ	びゃ	びゅ	びょ
ぢゃ	ぢゅ	ぢょ	びゃ	びゅ	びょ

カタカナ 요음의 탁음

요음의 탁음 쓰기

ヂャ	ヂュ	ヂョ	ビャ	ビュ	ビョ
ja	ju	jo	bya	byu	byo
ヂャ	ヂュ	ヂョ	ビャ	ビュ	ビョ
ヂャ	ヂュ	ヂョ	ビャ	ビュ	ビョ

ひらがな 요음의 반탁음

요음의 반탁음 쓰기

ぴゃ	ぴゅ	ぴょ
pya	pyu	pyo

ぴゃ	ぴゅ	ぴょ
ぴゃ	ぴゅ	ぴょ

カタカナ 요음의 반탁음

요음의 반탁음 쓰기

ピャ	ピュ	ピョ
pya	pyu	pyo
ピャ	ピュ	ピョ
ピャ	ピュ	ピョ

기본동사

あう(会う)	만나다	おそれる(恐れる)	무서워하다	さく(咲く)	(꽃이)피다
あく(開く)	열리다	おちる(落ちる)	떨어지다	さそう(誘う)	유혹하다
あける(開ける)	열다	おぼえる(覚える)	기억하다	さわぐ(騒ぐ)	떠들다
あげる(上げる)	올리다	およぐ(泳ぐ)	헤엄치다	しかる(叱る)	꾸짖다
あそぶ(遊ぶ)	놀다	おりる(降りる)	(차에서)내리다	したがう(従う)	따르다
あたる(当る)	맞다	おわる(終(わ)る)	끝나다	しぬ(死ぬ)	죽다
あつまる(集まる)	모이다	かう(飼う)	기르다, 사육하다	しめる(閉める)	닫다
あらう(洗う)	씻다, 빨다	かう(買う)	사다	しらべる(調べる)	조사하다
あらそう(争う)	싸우다	かえす(返す)	갚다	しる(知る)	알다
あらわれる(現れる)	나타나다	かえる(帰る)	돌아가다	すう(吸う)	빨아들이다
あるく(歩く)	걷다	かく(書く)	쓰다	すてる(捨てる)	버리다
いう(言う)	말하다	かつ(勝つ)	이기다	すむ(住む)	살다, 거주하다
いく(行く)	가다	かぶる(被る)	뒤집어쓰다	すわる(座る)	앉다
いそぐ(急ぐ)	서두르다	かりる(借りる)	빌리다	だす(出す)	내다
いれる(入れる)	넣다	かんがえる(考える)	생각하다	たすける(助ける)	구조하다
うえる(植える)	심다	きえる(消える)	꺼지다	たずねる(尋ねる)	찾다
うける(受ける)	받다	きく(聞く)	듣다	たつ(立つ)	일어서다
はたらく(働く)	활동하다	きめる(決める)	결정하다	たてる(立てる)	세우다
うたう(歌う)	노래하다	きる(着る)	입다	たのむ(頼む)	부탁하다
うたがう(疑う)	의심하다	くださる	주시다	たべる(食べる)	먹다
うつ(打つ)	때리다	くもる(曇る)	흐리다	つかう(使う)	사용하다
うむ(生む)	(알을)낳다	くらべる(比べる)	비교하다	つく(着く)	도착하다
えらぶ(選ぶ)	고르다	くる(来る)	오다	つく(付く)	붙다
おきる(起きる)	일어나다	くれる(呉れる)	주다	つくる(造る)	만들다
おく(置く)	놓다	けす(消す)	끄다	つける(付ける)	붙이다
おくる(送る)	보내다	ける(蹴る)	(공을)차다	つづく(続く)	계속하다
おくれる(遅れる)	늦다	こたえる(答える)	대답하다	できる(出来る)	할수있다
おこる(起(こ)る)	(사건이)일어나다	ことわる(断(わ)る)	거절하다		
おこる(怒る)	화내다	こまる(困る)	곤란하다		
おしえる(教える)	가르치다	こむ(込む)	혼잡하다		

제2장

기본 단어 익히기

ひらがな 기초 단어 쓰기

● 단어를 연상하기 쉽게 배열하였다

あき	あと	あす	あさ	あめ
aki 가을	ato 뒤	asu 내일	asa 아침	ame 비
あき	あと	あす	あさ	あめ

いえ	いち	いす	いし	いぬ
ie 집	ichi 하나	isu 의자	isi 돌	inu 개
いえ	いち	いす	いし	いぬ

ひらがな 기초 단어 쓰기

- 단어를 연상하기 쉽게 배열하였다

うし	うで	えだ	えび	えり
usi 소	ude 팔	eda 가지	ebi 새우	eri 옷깃
うし	うで	えだ	えび	えり

おい	おか	おきる	おす	おもう
oi 조카	oka 언덕	okiru 일어나다	osu 밀다	omou 생각하다
おい	おか	おきる	おす	おもう

ひらがな 기초 단어 쓰기

• 단어를 연상하기 쉽게 배열하였다

かお	かき	かぜ	かた	かげ
kao 얼굴	kaki 감	kaze 바람	kata 어깨	kage 그림자
かお	かき	かぜ	かた	かげ

きく	きえる	きのう	きょう	きけん
kiku 듣다	kieru 사라지다	kino 어제	kyo 오늘	kiken 위험
きく	きえる	きのう	きょう	きけん

ひらがな 기초 단어 쓰기

• 단어를 연상하기 쉽게 배열하였다

くう	くち	くつ	くに	くま
kuu 먹다	kuchi 입	kutsu 구두	kuni 나라	kuma 곰
くう	くち	くつ	くに	くま

けが	げき	ける	げた	けんり
kega 상처	geki 연극	keru 치다	geta 나막신	kenri 권리
けが	げき	ける	げた	けんり

ひらがな 기초 단어 쓰기

● 단어를 연상하기 쉽게 배열하였다

こめ	こい	ごご	こし	これ
kome 쌀	koi 사랑	gogo 오후	kosi 허리	kore 이것
こめ	こい	ごご	こし	これ

さき	さと	さた	さか	さじ
saki 선두	sato 마을	sata 소식	saka 비탈길	saji 숟가락
さき	さと	さた	さか	さじ

ひらがな 기초 단어 쓰기

• 단어를 연상하기 쉽게 배열하였다

しか	しし	しま	した	しる
sika 사슴	sisi 사자	sima 섬	sita 혀	siru 알다
しか	しし	しま	した	しる

すし	すそ	すな	すえ	すみ
susi 초밥	suso 옷자락	suna 모래	sue 마지막	sumi 모퉁이
すし	すそ	すな	すえ	すみ

ひらがな 기초 단어 쓰기

• 단어를 연상하기 쉽게 배열하였다

せい	せわ	せき	ぜひ	せまい
sei 원인	sewa 보살핌	seki 자리	zehi 제발	semai 좁다
せい	せわ	せき	ぜひ	せまい

そち	そこ	そる	そら	そと
sochi 조치	soko 바닥	soru 깎다	sora 하늘	soto 바깥
そち	そこ	そる	そら	そと

ひらがな 기초 단어 쓰기

• 단어를 연상하기 쉽게 배열하였다

たつ	たて	だい	たき	たま
tatsu 서다	tate 세로	dai 제목	taki 폭포	tama 구슬
たつ	たて	だい	たき	たま

ちち	ちり	ちえ	ちか	ちず
chichi 아버지	chiri 먼지	chie 지혜	chika 지하	chizu 지도
ちち	ちり	ちえ	ちか	ちず

ひらがな 기초 단어 쓰기

• 단어를 연상하기 쉽게 배열하였다

つえ	つめ	つき	つい	つる
tsue 지팡이	tsume 손톱	tsuki 달	tsui 짝	tsuru 두루미
つえ	つめ	つき	つい	つる

てき	てる	てら	てん	てんき
teki 적	teru 비치다	tera 절	ten 점(点)	tenki 날씨
てき	てる	てら	てん	てんき

ひらがな 기초 단어 쓰기

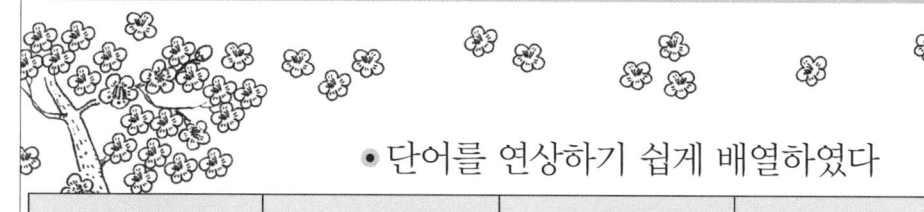

• 단어를 연상하기 쉽게 배열하였다

とち	とし	とき	とく	となり
tochi 토지	tosi 도시	toki 시간	toku 이익	tonari 이웃
とち	とし	とき	とく	となり

なく	なに	なつ	なみ	なし
naku 울다	nani 무엇	natsu 여름	nami 물결	nasi 배(나무)
なく	なに	なつ	なみ	なし

ひらがな 기초 단어 쓰기

• 단어를 연상하기 쉽게 배열하였다

にく	にぶ	にせ	にる	にじ
niku 고기	nibu 2부	nise 가짜	niru 비슷하다	niji 무지개
にく	にぶ	にせ	にる	にじ

ぬく	ぬし	ぬま	ぬり	ぬる
nuku 빼다	nusi 주인	numa 늪	nuri 옻칠	nuru 바르다
ぬく	ぬし	ぬま	ぬり	ぬる

ひらがな 기초 단어 쓰기

• 단어를 연상하기 쉽게 배열하였다

ねん	ねじ	ねつ	ねこ	ねる
nen 년, 해	neji 나사	netsu 열	neko 고양이	neru 잠자다
ねん	ねじ	ねつ	ねこ	ねる

のち	のき	のど	のび	のむ
nochi 나중	noki 처마	nodo 목구멍	nobi 늘어남	nomu 마시나
のち	のき	のど	のび	のむ

ひらがな 기초 단어 쓰기

- 단어를 연상하기 쉽게 배열하였다

はこ	はち	はる	はし	はな
hako 상자	hachi 벌	haru 봄	hasi 다리	hana 꽃
はこ	はち	はる	はし	はな

ひく	ひざ	ひと	ひじ	ひま
hiku 당기다	hiza 무릎	hito 사람	hizi 팔꿈치	hima 여가
ひく	ひざ	ひと	ひじ	ひま

ひらがな 기초 단어 쓰기

• 단어를 연상하기 쉽게 배열하였다

ふね	ぶき	ぶじ	ふえ	ふだ
fune 선박	buki 무기	buji 무사	hue 피리	huda 명찰

べつ	へた	へや	へん	へき
betsu 구별	heta 서투름	heya 방	hen 변화	heki 버릇

ひらがな 기초 단어 쓰기

- 단어를 연상하기 쉽게 배열하였다

ほか	ほし	ほお	ほご	ほね
hoka 다른 것	hosi 별	ho- 뺨	hogo 보호	hone 뼈
ほか	ほし	ほお	ほご	ほね

まえ	また	まく	まち	まん
mae 앞	mata 또	maku 칸막이	machi 마을	man 만(萬)
まえ	また	まく	まち	まん

ひらがな 기초 단어 쓰기

● 단어를 연상하기 쉽게 배열하였다

みぎ	みず	みせ	みち	みみ
migi 오른쪽	mizu 물	mise 상점	michi 도로	mimi 귀
みぎ	みず	みせ	みち	みみ

むき	むし	むち	むね	むら
muki 방향	musi 벌레	muchi 회초리	mune 가슴	mura 마을
むき	むし	むち	むね	むら

ひらがな 기초 단어 쓰기

● 단어를 연상하기 쉽게 배열하였다

めい	めし	めす	めど	めん
mei 질녀	mesi 식사	mesu 암컷짐승	medo 목표	men 얼굴
めい	めし	めす	めど	めん

もじ	もと	もち	もつ	もん
moji 문자	moto 시초	mochi 떡	motsu 갖다	mon 문
もじ	もと	もち	もつ	もん

ひらがな 기초 단어 쓰기

• 단어를 연상하기 쉽게 배열하였다

やき	やど	やね	やま	やり
yaki 구운 것	yado 집	yane 지붕	yama 산	yari 창
やき	やど	やね	やま	やり

ゆげ	ゆき	ゆく	ゆえ	ゆび
yuge 수증기	yuki 눈(雪)	yuku 가다	yue 이유	yubi 손가락
ゆげ	ゆき	ゆく	ゆえ	ゆび

ひらがな 기초 단어 쓰기

• 단어를 연상하기 쉽게 배열하였다

よい	よく	よこ	よぶ	よる
yoi 좋다	yoku 욕심	yoko 가로, 옆	yobu 부르다	yoru 밤(夜)
よい	よく	よこ	よぶ	よる

らく	らし	らば	らち	らん
raku 편안함	rasi 나사	raba 노새	rachi 납치	ran 난간
らく	らし	らば	らち	らん

ひらがな 기초 단어 쓰기

● 단어를 연상하기 쉽게 배열하였다

りく	りし	りす	りろ	りん
riku 육지	risi 이자	risu 다람쥐	riro 줄거리	rin 방울
りく	りし	りす	りろ	りん

るい	るいじ	るす	るせつ	るり
rui 종류	ruiji 유사	rusu 부재중	rusetsu 소문	ruri 유리
るい	るいじ	るす	るせつ	るり

ひらがな 기초 단어 쓰기

● 단어를 연상하기 쉽게 배열하였다

れい	れつ	れんだ	れいき	れきし
rei 예의, 관례	retsu 행렬	renda 연타	reiki 냉기	rekisi 역사
れい	れつ	れんだ	れいき	れきし

ろく	ろじ	ろん	ろば	ろうか
roku 여섯	rozi 골목길	ron 의견	roba 당나귀	roka 복도
ろく	ろじ	ろん	ろば	ろうか

ひらがな 기초 단어 쓰기

● 단어를 연상하기 쉽게 배열하였다

わく	わき	わけ	わかれ	わるい
waku 테두리	waki 겨드랑이	wake 의미	wakare 이별	warui 나쁘다
わく	わき	わけ	わかれ	わるい

がん	ざせき	だく	ばか	ぶた
gan 기러기	zaseki 좌석	daku 품다	baka 바보	buta 돼지
がん	ざせき	だく	ばか	ぶた

ひらがな 기초 단어 쓰기

あいさつ	あした	あけがた
aisatsu (초면)인사	**asita** 내일	**akegata** 새벽녘
あいさつ	あした	あけがた

あじわい	うぐいす	いもうと
aziwai 맛,재미	**uguisu** 꾀꼬리	**imoto** 여동생
あじわい	うぐいす	いもうと

ひらがな 기초 단어 쓰기

かいもの	きんろう	けいかく
kaimono 쇼핑	kinro 근로	keikaku 계획
かいもの	きんろう	けいかく

けっしん	けいざい	こいびと
kessin 결심	keizai 경제	koibito 애인
けっしん	けいざい	こいびと

ひらがな 기초 단어 쓰기

こくみん	たんけん	さいわい
kokumin 국민	tanken 탐험	saiwai 다행, 행복
こくみん	たんけん	さいわい

すいせん	とくべつ	となえる
suisen 추천	tokubetsu 특별	tonaeru 주장하다
すいせん	とくべつ	となえる

ひらがな 기초 단어 쓰기

せいしん	せいかつ	せいこう
seisin 정신	seikatsu 생활	seiko 성공
せいしん	せいかつ	せいこう

せつめい	せんせい	ついらく
setsumei 설명	sensei 선생님	tsuiraku 추락
せつめい	せんせい	ついらく

ひらがな 기초 단어 쓰기

つうしん	そんけい	たちうお
tsusin 통신	**sonkei** 존경	**tachiuo** 갈치
つうしん	そんけい	たちうお

ていそく	ちんれつ	ともだち
teisoku 규칙	**chinretsu** 진열	**tomodachi** 친구
ていそく	ちんれつ	ともだち

ひらがな 기초 단어 쓰기

ねんりょう	はいいろ	はいけい
nenryo 연료	**haiiro** 회색	**haikei** 배경
ねんりょう	はいいろ	はいけい

のあそび	ひんめい	へいたい
noasobi 들놀이	**hinmei** 품명	**heitai** 군인
のあそび	ひんめい	へいたい

ひらがな 기초 단어 쓰기

へんこう	へんしょく	へんせつ
henko 변경	hensyoku 변색	hensetsu 변절
へんこう	へんしょく	へんせつ

まいあさ	まかせる	みんぞく
maiasa 아침마다	makaseru 맡기다	minzoku 민족
まいあさ	まかせる	みんぞく

ひらがな 기초 문형 50선

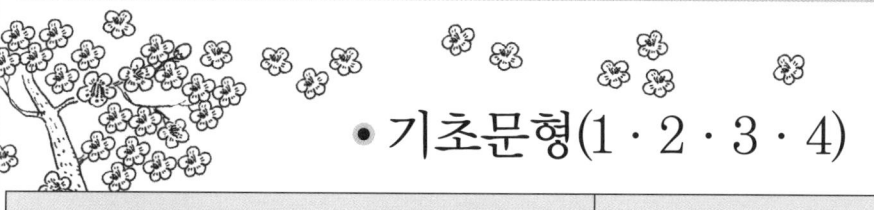

• 기초문형(1·2·3·4)

これは 〜です	あれは 〜です
korewa desu 이것은~입니다	arewa~desu 저것은~입니다
これは 〜です	あれは 〜です

それは 〜です	〜が あります
sorewa~desu 그것은~입니다	~ga arimasu ~가(이) 있습니다
それは 〜です	〜が あります

ひらがな 기초 문형 50선

● 기초 문형(5 · 6 · 7 · 8)

~に ~が あります	~から かえる
~ni~ga arimasu ~에~가(이) 있습니다	~kara kaeru ~에서 돌아오다
~に ~が あります	~から かえる

~に よって	~に しておく
~ni yotte ~에 의해서, ~에 따라서	~ni siteoku ~로 해두다
~に よって	~に しておく

ひらがな 기초 문형 50선

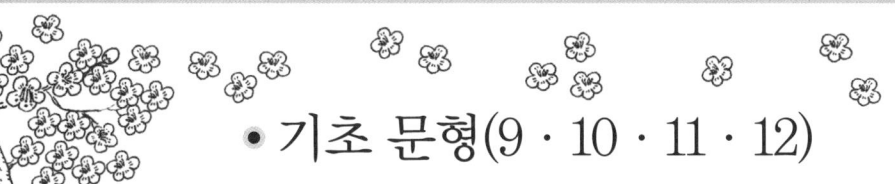

• 기초 문형(9 · 10 · 11 · 12)

~を あるく	~を きる
~o aruku ~을 걷다	~o kiru ~을 입다
~を あるく	~を きる

~を うる	~を はく
~o uru ~을 팔다	~o haku ~을 신다
~を うる	~を はく

ひらがな 기초 문형 50선

● 기초 문형(13 · 14 · 15 · 16)

～を おしえる	～に～が いますか
~o osieru ～을(를) 가르치다	~ni ga imasuka ～에～가(이) 있습니까
～を おしえる	～に～が いますか

そこに～が いますか	～には だれが いますか
sokoni~ga imasuka ～거기에～가(이) 있습니까	~niwa darega imasuka ～에는 누가 있습니까
そこに～が いますか	～には だれが いますか

ひらがな 기초 문형 50선

• 기초 문형(17 · 18 · 19 · 20)

これは なんですか	あれは なんですか
korewa nandesuka 이것은 무엇입니까	arewa nandesuka 저것은 무엇입니까
これは なんですか	あれは なんですか

それは なんですか	〜へ いけば〜が いる
sorewa nandesuka 그것은 무엇입니까	~e ikeba~ga iru ~에 가면 ~이(가) 있습니다
それは なんですか	〜へ いけば〜が いる

ひらがな 기초 문형 50선

- 기초 문형(21 · 22 · 23 · 24)

それより これが〜い	かれも ぼくも〜だ
soreyori korega~i 그것보다 이것이 ~하다	karemo bokumo~da 그도 나도 ~이다
それより これが〜い	かれも ぼくも〜だ

これも それも みな〜だ	あれも これも〜い
koremo soremo mina~da 이것도 저것도 다 ~(하)다	aremo koremo~i 저것도 이것도 ~(하)다
これも それも みな〜だ	あれも これも〜い

ひらがな 기초 문형 50선

● 기초 문형(25 · 26 · 27 · 28)

ぼくも きみも～だ	～は これしか ない
bokumo kimimo~da 너도 나도 ~이다	~wa koresika nai ~은(는) 이것 밖에 없다
ぼくもきみも～だ	～は これしか ない

これこそ あぶない	それこそ めいしんだ
korekoso abunai 이것이야말로 위험하다	sorekoso meisinda 그것이야말로 미신이다
これこそ あぶない	それこそ めいしんだ

기초 문형 50선 93

ひらがな 기초 문형 50선

• 기초 문형(29 · 30 · 31 · 32)

～でいく	～で あらう
~de iku ~(으)로 가다	~de arau ~(으)로 씻다
～でいく	～で あらう

～は～で つくる	～で うけた きずだ
~wa~de tsukur ~은~(으)로 만든다	~de uketa kizuda ~에서 입은 상처이다
～は～で つくる	～で うけた きずだ

ひらがな 기초 문형 50선

- 기초 문형(33 · 34 · 35 · 36)

はやく〜に〜れ	はやく ここに すわれ
hayaku~ni~re 빨리 ~에 (해)라	hayaku kokoni suware 빨리 여기에 앉아라
はやく〜に〜れ	はやく ここに すわれ

はやく あれを くれ	うしなったのは〜だけだ
hayaku areo kure 빨리 저것을 다오	usinattanowa~dakeda 잃어버린 것은 ~뿐이다
はやく あれを くれ	うしなったのは〜だけだ

ひらがな 기초 문형 50선

● 기초 문형(37 · 38 · 39 · 40)

あいたい おかあさん	あいたい おねえさん
aitai okasan 보고 싶은 어머니	aitai onesan 보고 싶은 누나(누님)
あいたい おかあさん	あいたい おねえさん

～にまで～れる	～まで なぐられる
~nimade~reru ~까지 ~(당)하다	~made nagurareru ~까지 얻어 맞다
～にまで～れる	～まで なぐられる

ひらがな 기초 문형 50선

• 기초 문형(41 · 42 · 43 · 44)

どこまで いきますか	〜まで いきます
dokomade ikimasuka 어디까지 갑니까	~made ikimasu ~ 까지 갑니다
どこまで いきますか	〜まで いきます

〜まで いきなさい	それより〜のを ください
made ikinasai ~까지 가세요	soreyori~noo kudasai 그깃 보다 ~(한)것을 주십시요
〜まで いきなさい	それより〜のを ください

ひらがな 기초 문형 50선

● 기초 문형 (45・46・47・48)

〜より みちは ない	〜ので こまりました
~yori michiwa nai ~(하)는 수밖에 없다	~node komarimasita ~(하기) 때문에 애를 먹었습니다
〜より みちは ない	〜ので こまりました

すると 〜が いいました	すると〜は いいました
suruto~ga iimasita 그러자 ~(이)가 말했습니다	suruto~wai imasita 그러자 ~은(는) 말했습니다
すると 〜が いいました	すると〜は いいました

ひらがな 기초 문형 50선

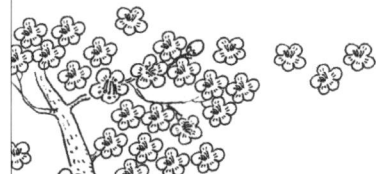

● 기초 문형(49 · 50)

そんな(もんだい)さえ なければ いける
sonna(mondai)sae nakereba ikeru 그런 (문제)만 없다면 갈 수 있다

そんな(もんだい)さえ なければ いける

まさか(そんなことが)あろうか
masaka(sonnakotoga) arooka 설마(그런 일이) 있겠느냐(있을까)

まさか(そんなことが)あろうか

ひらがな 기초 문형 50선

● 기초 문형(51・52)

～だと おもったのに じつは～だった
~dato omottanoni zitsuwa~datta ~이라 생각했는데 사실은 ~이었다

～だと おもったのに じつは～だった

ちちだと おもったのに じつは あにきだった
chichidato omottanoni zitsuwa anikidatta 아버지라고 생각했는데 사실은 형이었다

ちちだと おもったのに じつは あにきだった

제3장

기초 문장 쓰기

ひらがな 기초 문장 쓰기

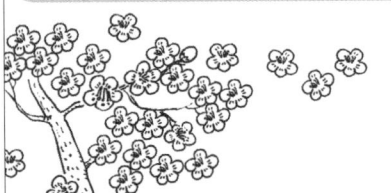

해설 1. (아침인사) 안녕하십니까?
2. (낮인사) 안녕하십니까?
3. (밤인사) 안녕하십니까?

1. おはよう ございます。
1. おはよう ございます。

2. こんにちは。こんにちは。
2. こんにちは。こんにちは。

3. こんばんは。こんばんは。
3. こんばんは。こんばんは。

ひらがな 기초 문장 쓰기

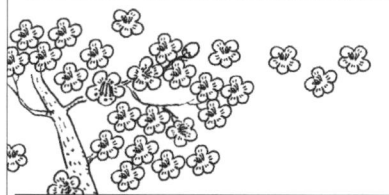

해설
1. 실례합니다만, 죄송합니다만.
2. 부탁이 있는데요.
3. 부탁합니다. 잘 부탁드립니다.

1. しつれいですが。おそれいりますが。
1. しつれいですが。おそれいりますが。

2. おねがいが あるんですが。
2. おねがいが あるんですが。

3. おねがいします。どうそよろしく。
3. おねがいします。どうそよろしく。

ひらがな 기초 문장 쓰기

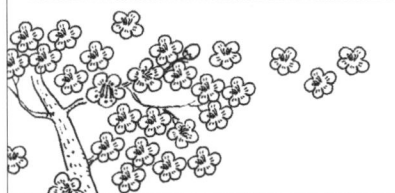

해설
1. 저야말로 잘 부탁드립니다
2. 저는 아이꼬입니다.
3. 처음 뵙겠습니다. 저는 다나까입니다.

1. こちらこそ どうぞよろしく。
1. こちらこそ どうぞよろしく。

2. わたしは あいこです。
2. わたしは あいこです。

3. はじめまして。わたしは たなかです。
3. はじめまして。わたしは たなかです。

ひらがな 기초 문장 쓰기

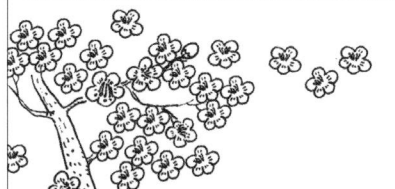

해설
1. 건강하십니까? 예 건강합니다.
2. 당신은 어떻습니까?
3. 저도 건강합니다.

1. おげんきですか。はい、げんきです。
1. おげんきですか。はい、げんきです。

2. あなたは どうですか。
2. あなたは どうですか。

3. わたくしも げんきです。
3. わたくしも げんきです。

ひらがな 기초 문장 쓰기

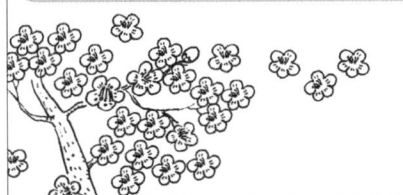

해설
1. 추우니까 문을 닫으십시오.
2. 아는 대로 알려 드리겠습니다.
3. 학생인데도 불구하고 술을 마십니다.

1. さむいから もんを しめなさい。
1. さむいから もんを しめなさい。

2. わかり しだい しらせて あげます。
2. わかり しだい しらせて あげます。

3. がくせいなのに さけを のむ。
3. がくせいなのに さけを のむ。

ひらがな 기초 문장 쓰기

해설 1. 이것을 훔친 사람은 나오너라.
2. 이런 물건을 던진 사람은 누구냐?
3. 잘못이라고 알았으면 빨리 사과해라.

1. これを ぬすんだ ものは でてこい。

1. これを ぬすんだ ものは でてこい。

2. こんな ものを なげたのは だれか。

2. こんな ものを なげたのは だれか。

3. あやまちだと わかったら はやく わびろ。

3. あやまちだと わかったら はやく わびろ。

ひらがな 기초 문장 쓰기

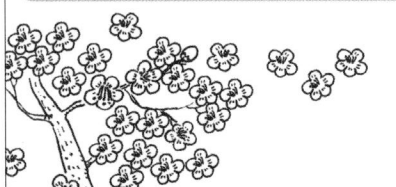

해설 1. 먹으면서 이야기를 계속한다.
2. 이만큼 맛있는 것도 없다.
3. 너무 많이 먹기 때문에 애를 먹었습니다.

1. たべながら はなしを つづける。
1. たべながら はなしを つづける。

2. これほど おいしい ものも ない。
2. これほど おいしい ものも ない。

3. あまり たくさん たべるので こまりました。
3. あまり たくさん たべるので こまりました。

ひらがな 기초 문장 쓰기

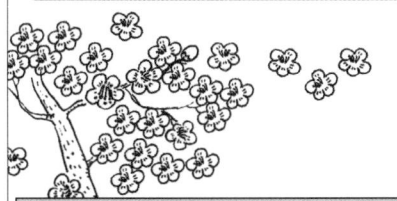

해설
1. 남들이 야유를 하니까 싫습니다.
2. 모두가 보고 있으니까 할 수 없습니다.
3. 울며 불며 몸부림치고 있다.

1. ひとが やじを するから いやです。

1. ひとが やじを するから いやです。

2. みんなが みて いるから できません。

2. みんなが みて いるから できません。

3. ないたり さけんだり あばれている。

3. ないたり さけんだり あばれている。

ひらがな 기초 문장 쓰기

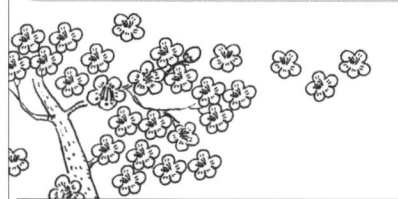

해설
1. 한(사람의) 학생이 내려왔습니다.
2. 기요꼬는 놀라서 또 외쳤습니다.
3. 제발 저의 부탁을 들어 주십시오.

1. ひとりの がくせいが おりて きました。
1. ひとりの がくせいが おりて きました。

2. きよこは おどろいて また さけびました。
2. きよこは おどろいて また さけびました。

3. どうか わたくしの おねがいを きいて ください。
3. どうか わたくしの おねがいを きいて ください。

ひらがな 기초 문장 쓰기

1. 남의 탓을 하는 것은 좋지 않다.
2. 내가 제일 싫어하는 것은 거짓입니다.
3. 어떠한 괴로움이라도 참을 수 있습니다

1. ひとの せいに するのは よくない。

1. ひとの せいに するのは よくない。

2. ぼくの いちばん きらいなのは うそです。

2. ぼくの いちばん きらいなのは うそです。

3. いかなる くるしみだって たえられます。

3. いかなる くるしみだって たえられます。

ひらがな 기초 문장 쓰기

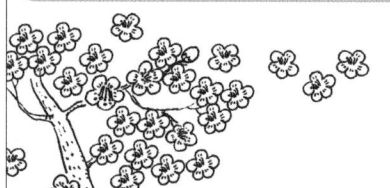

해설
1. 그런 곳에서 놀아서는 안됩니다.
2. 그런 곳에는 가지마라.
3. 나도 전적으로 동감입니다.

1. そんな ところで あそんでは いけません。
1. そんな ところで あそんでは いけません。

2. そんな ところには いくな。
2. そんな ところには いくな。

3. ぼくも まったく どうかんです。
3. ぼくも まったく どうかんです。

ひらがな 기초 문장 쓰기

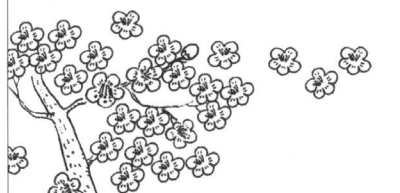

해설
1. 그것은 훨씬 전의 일입니다.
2. 훨씬 옛날에 있었던 일이라고 합니다.
3. 반드시 까닭이 있을 텐데…….

1. それは ずっと まえの ことです。
1. それは ずっと まえの ことです。

2. ずっと むかし あった ことだそうです。
2. ずっと むかし あった ことだそうです。

3. かならず、わけが あるはずだね。
3. かならず、わけが あるはずだね。

ひらがな 기초 문장 쓰기

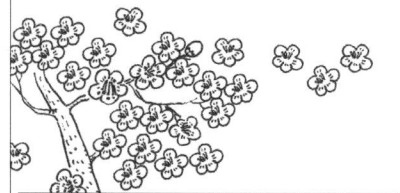

해설
1. 일이 생겨서 올 수가 없었다.
2. 뜻밖의 사건이 일어 났습니다.
3. 한번 더 시도해 볼 작정입니다.

1. ことが おこったので こられなかった。
1. ことが おこったので こられなかった。

2. とんだ じけんが おこりました。
2. とんだ じけんが おこりました。

3. もう いちど ためして みる つもりです。
3. もう いちど ためして みる つもりです。

ひらがな 기초 문장 쓰기

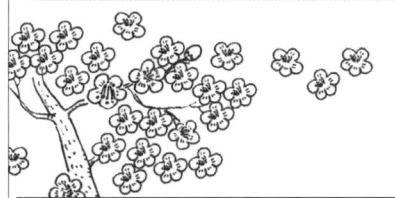

해설
1. 이야기를 다 듣고 나서 결정하자.
2. 좀더 천천히 이야기해 주십시오.
3. 그다지 대단한 문제는 아니다.

1. おはなしを ききおわってから きめよう。

1. おはなしを ききおわってから きめよう。

2. もう すこし ゆっくり はなして ください。

2. もう すこし ゆっくり はなして ください。

3. それほど たいした もんだいではない。

3. それほど たいした もんだいではない。

ひらがな 기초 문장 쓰기

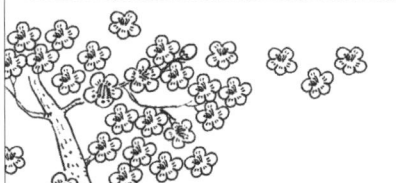

해설
1. 좀더 잘 생각해 보십시오.
2. 반드시 하겠다는 것은 아니다.
3. 지나치게 말했다면 용서해 주십시오.

1. もう すこし よく かんがえて みなさい。
1. もう すこし よく かんがえて みなさい。

2. かならず やると いうわけでは ない。
2. かならず やると いうわけでは ない。

3. いいすぎたら ゆるして ください。
3. いいすぎたら ゆるして ください。

ひらがな 기초 문장 쓰기

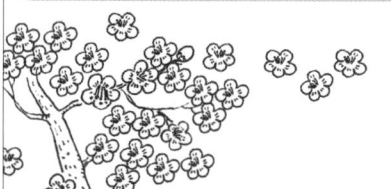

해설
1. 일찍 오지 않으면 안 됩니다.
2. 어제 저녁 막 도착했습니다. 방금 왔습니다.
3. 어떻게 가면 될까요?

1. はやく こないと だめです。
1. はやく こないと だめです。

2. ゆうべ ついたばかりです。きたばかりです。
2. ゆうべ ついたばかりです。きたばかりです。

3. どう いったら いいでしょうか。
3. どう いったら いいでしょうか。

ひらがな 기초 문장 쓰기

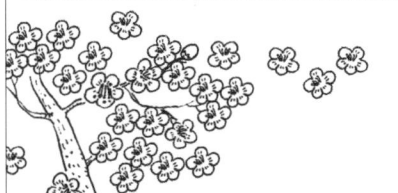

해설
1. 전과는 전혀 다릅니다.
2. 두 사람이 닮은 듯 합니다.
3. 그는 선생님이 되고 싶어 합니다.

1. まえとは まったく ちがいます。
1. まえとは まったく ちがいます。

2. ふたりは にて いるらしいです。
2. ふたりは にて いるらしいです。

3. かれは せんせいに なりたがります。
3. かれは せんせいに なりたがります。

ひらがな 기초 문장 쓰기

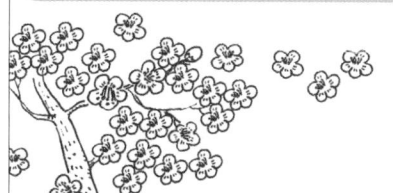

1. 그런데, 다음은 어떻게 됐지?
2. 그런데, 지금 무엇을 하고 있는 거야?
3. 거기서 무엇을 하고 있는 것입니까?

1. さて、その つぎは どう なった?
1. さて、その つぎは どう なった?

2. ところで、いま なにを しているの。
2. ところで、いま なにを しているの。

3. そこで、なにを していますか。
3. そこで、なにを していますか。

ひらがな 기초 문장 쓰기

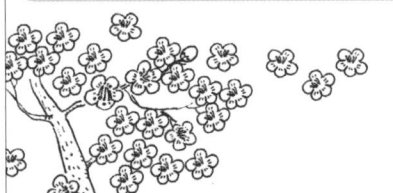

해설
1. 먼저 이쪽에서 말할 필요는 없다.
2. 그런 것은 말할 필요도 없다.
3. 그런 것은 생각할 필요도 없다.

1. さきに、こちらから いう ことは ない。
1. さきに、こちらから いう ことは ない。

2. そんな ことは いうまでも ない。
2. そんな ことは いうまでも ない。

3. そんな ことは おもうまでも ない。
3. そんな ことは おもうまでも ない。